BOOKS on DEMAND

Meinen Töchtern,

Eva Larissa, Natalie und Marie-Theres

Eva-Saskia Bewersdorff-Langlotz

Früchte vom Baum des Herzens

Gedichte

Bibliografische Information der Deutschen Nationalbibliothek:
Die Deutsche Nationalbibliothek verzeichnet diese Publikation in der Deutschen Nationalbibliografie; detaillierte bibliografische Daten sind im Internet über http://dnb.dnb.de abrufbar.

Illustration: Eva-Saskia Bewersdorff-Langlotz

Herstellung und Verlag: BoD – Books on Demand, Norderstedt

ISBN: 9783744838009

Inhalt

Vorwort:

Dieser Gedichtband hat sich über die Jahre wie von selbst ge-schrieben. Er ist wie ein Skizzenbuch, das mich immer begleitet hat auf der Reise meines Lebens. Eine Auswahl der Liebesge-dichte habe ich bereits 1981 im Selbstverlag veröffentlicht. Der Wunsch, weitere Gedichte unterschiedlicher Couleur und unter-schiedlicher Themen zu veröffentlichen, wurde immer größer. Dies ist nun mein erster Band Gedichte, mit den Themen Dich-tung, Leben und Herz. Der Leser meines damaligen Bandes wird einige Liebesgedichte wiederentdecken. Ein weiterer mit den Themen Natur, Trauer und Kunst soll folgen. Ich wünsche mei-nen Lesern viel Freude beim Betrachten und Lesen meines poe-tischen Skizzenbuches, beim Pflücken der Früchte vom Baum meines Herzens. Die Illustrationen sind ebenfalls von mir.

Saskia Bewersdorff-Langlotz

Athen, im Juni 2017

I. Dichtung

Poesie

Weißt du nicht, fühlst du nicht?

Wo die Welt der Sprüche ist?

Halt deine weißen Hände auf,

sie fallen dir entgegen!

All die gleitenden Silben

Und Bildgebilde der Poesie,

warten nur darauf, vom Zweig

am Baum des Herzens

gepflückt zu werden.

Sieh, fühl, hör nur, wie!   Januar 1982

Worte

Worte, ihr wesenhaften Gestalten,

bunt gewirkte Kleider der Ideen und Gedanken!

Welch eine Fülle von edlen Gewalten

Klingt in euch durch Aug- und Ohrenschranken!

Der Dichter

Stumm erlausch ich stilles Staunen,

das der Herzen Echo mir herüber schallt.

Tief durchbebt mich leises Raunen,

das durch Freuden und durch Leiden aufgewallt.

Froh verspür ich zarte Launen,

wenn der andern Herzen Regung widerhallt.

Sommer 1982

Der Weg zur Kunst

Alltägliches füllt meinen Geist

Umständliches kreuzt meinen Weg

Herrliches schwebt mir vor!

Müdigkeit setzt sich durch

Hastigkeit steht im Gang

Lautstärke raubt mein Ohr

Traumbilder formen sich

Geistesblitz führt die Feder

Vernünftiges raubt die Idee

Großartiges will mein Herz!

Gedichtetes schreibt sich fest!

04.05.2017

II. Leben

Weg durch die Zeit

Der Baum der Zeit birgt mich
In seinen großen Schwingen.
Sie tragen mich hoch hinauf –
Ich vergesse die Angst zu fallen,
und doch – wo eben noch Leben und Treiben –
jetzt neuer Wolken Spiel.
Sie tragen mich weiter,
bis andre mich bergen in ihren Schwingen –
sie lassen mich fahren
zu neuen Sphären. 1981

Lebensweg

Die Halle öffnet das Tor,

zum Reigen bittet ein Flüstern;

der Raum weitet seine Sphäre,

ein summender Rausch erfasst

und trägt dich erblößt

zum nächsten Tore.   Juni 1979

Gedanken

Immer währender Hunger

Bunte wallende Bilder

Reißende, glühende Schmerzen

Masse ergreifender Ketten

Ein sprachliches Sagen und Fühlen

Wille der Erkenntnis

10.08.1980

Lebensweisheit

Lern kurzer Freuden dich zu freun,

auch wenn das Leid dir länger schein'.

Bewusst genieß den Sonnenschein,

bevor der nächste Blitz schlägt ein.

Halt fest die Herzen, die dir zugetan.

Erliege nicht dem äußern Wahn,

nur ja nichts zu versäumen.

Vergiss auch nicht zu träumen!

Sinn

Wo bist du, Sinn des Erdenseins?

Such ich dich, schwindest du –

Ahn ich dich, fliegst du davon.

Ist auch die Frage nach dir

Sinnbild des Scheins?

Freude zu schenken

Sich selbst Sinn zu geben

Dem eigenen Tun sich verschreiben

Das Positive sehen –

Das ist der Sinn!

Carpe Diem

In des Tages hellen Blaues Strahlen schau hinein,

hör der wilden Vögel Flügelschlag

und der dunklen Bäume grüne Blätter rauschen,

Nimm des Augenblickes warme Wohligkeit

In deiner Gedanken Widerschein.

Wissenschaftsbetrieb

Vereisendes Schweigen regiert hier die Herzen.

Verlassene Menschen verkriechen sich

In ihre Wissenschaftshöhlen.

Nur ja kein Lärm der großen Lebendigkeit

Soll an ihre feinen Ohren dringen.

Ein jeder gefangen in Gier nach Ruhm,

Erblindete sammeln Buchstabengebilde,

ziehen sie auf lange Fäden

und hängen sie hoch über jedes

menschlichen Armes Länge.

Weltgedanke

Groß ist der Weltenwille –
Weit liegt er um dein Haupt.
Ahn ihn in tiefer Stille!
Dann ist's erlaubt.

Glaube

In verhalltem Licht in
    Verloschener Stille –
    Verstrahltem Ton in
    Verklungenem Dunkel.
Ein hallendes Licht in
    Löschender Stille –
    Strahlender Ton in
    Klingendem Dunkel!   1982

Schicksal

Wer hält die Fäden unseres Marionettenlebens?

Müssen wir sie selbst entwirren?

Wer zaubert die Zufallsknoten mit andren Leben?

Wo ist die Ariadne,

die den wahren Weg uns zeigt –

dass wir uns nicht verirren?

Raum und Zeit

Hell leuchtender Stern!

Du bist schon verloschen,

vor Millionen von Jahren,

doch jetzt erst dringen die Feuerstrahlen

deines Lichts zu uns hinab.

Sie durchqueren unendliche Weiten des Alls,

um zu scheinen, was sie einst waren,

doch nicht mehr sind.

Du lässt uns erahnen, wie jegliches Sein,

in Wirklichkeit Schein,

Wie Vergangenes Gegenwärtiges ewig durchdringt

Und zur Zukunft wird.

1983

Zeitfragen

Wo ist die Minute,

die immer fehlt,

die Sekunde,

die schnell verweht?

Wo ist der Augenblick,

der gerade zählt,

der Moment,

der niemals geht?   15.06.1985

Prophezeihung

Ach, wer traut denn schon der Warnung,

die so manch' hagrer Prophet,

hoch dem Volk entgegenschleudert –

dass es nicht so weitergeht!

Nur ganz Wenige, ganz Zarte

Fangen scheue Blicke auf –

Sie allein spüren das Harte,

das in dieser Wahrheit liegt!   1982

Klage

Nein, es ist die Welt nicht mein!

Dieser Flitter, dieser Schein –

Sie rühren alle wohl zu Scherzen.

Mein Herz lassen sie nur schmerzen!

Denn so wenig wahre Menschen

Find' ich hier,

die zärtlich sind und schauen –

durch den Flitter, durch den Schein,

tief ins andre Herz hinein.

Nur dann ist die Welt noch mein!   1983

Leben

Das Rad der Räder

Die Runden dreht –

Das Lied der Lieder

Melodisch ertönt –

Die Sphären der Sphären

Verwandeln –

Dies drehende Summen

In Lebensmusik.

1979

Leben

Lungernder Luchs, lass ab von mir –
Leben lassen – lieben lassen sollst du mich!
Lang ließ ich das Leben lassen –
Leuchtend lebe ich für neue Liebe!

10.08.1980

Zyklus des Lebens –

Glück/Unglück – Trauer/Freude

Unglück

Der Faden riss, das Schwert, es fiel –
Und traf gewiss ins Herzensziel!

Noch grad zuvor so hoch geschwebt –
Dem Himmelstor so nah gelebt!

Da reißt es dir die Flügel ab,
zieht dich in eis'ge Flut hinab!

Glück

Ein kleines Licht, am Tunnelende!
Du siehst es nicht? Es naht behende!

Du seufzest tief – ein Sternlein fällt!
Wer es dir rief? Das weiß die Welt!

Ihr Wille bleibt verborgen –
Verlöscht sind deine Sorgen!

Trauer

Oh, weiße Rose, leuchte weit!

Und Herbstzeitlose, sei bereit!

Wer schnitt sie ab, die volle Blüte?

Sie welkt herab, ach dass sie Gott behüte!

Verkündet meiner Seele Qual –

Setzt meiner Herzenswund' ein Mal!

Freude

Ein kleiner Strauß, ein Händedruck –
Ein Puppenhaus, ein kleiner Schmuck!

Ganz unvermutet strahlt die Sonne,
Es küsst dich jemand voller Wonne.

Genieß die warmen Strahlenfluten,
zu geben andern Herzen von den Gluten!

Freiheit

Frei und heit
Sie sind immer zu zweit

Zerbrichst du sie ganz,
so bleibt doch ihr Glanz

Sie ziehen sich an
Magnetisch in ihren Bann

Du kannst sie nicht trennen
Sie brennen und brennen

Und immer wieder
Singen sie ihre Lieder

Von Freisein und Glück
Und kehren zurück

Als Frei und heit

Im neuen Kleid!

04.05.2017

Unsichtbar

Für uns ist es unsichtbar,
wohin der Weg uns führt.

Für uns ist es einsehbar,
was aus Vernunft geschieht.

Für uns ist es fühlbar,
wer wirklich liebt.

Für uns ist es rätselhaft,
was mit uns geschieht.

Für uns bleibt es unsichtbar,
worin der Sinn wohl liegt.   11.05.2017

Sinnsuche

Bei Lichte besehen···

Bin ich verzweifelt.

Gerade noch glücklich···

Im Schatten verloren···

Suche ich mit allen Sinnen

Den Sinn ···

Bei Lichte besehen···

Ist es die Liebe!   Sommer 2016

Leben

Leben

Ist Weben

Ist Schweben

Ist Einssein

Mit Körper

Und Seele

Wagen

Sagen

Schweigen

Tanzen

Seinen Weg gehen

Vor und zurück

Jedes neue Stück

Spielen

Im Einklang mit der Welt   2015

Mein Weg

Mein Weg geht durch dunkle Wälder

Mein Weg führt ins wilde Tal

Mein Weg rollt sich über Felder

Mein Weg lässt mir keine Wahl

Mein Weg kreuzt sich oft mit andren

Mein Weg lässt mich auch allein

Mein Weg will erklommen werden

Mein Weg lässt mich traurig sein

Mein Weg ist schwer zu erkennen

Mein Weg kann nur einer sein

Mein Weg muss entschieden werden

Mein Weg lässt mich glücklich sein.

29.05.2017

III. Herz

Herz

Leb mit dem Herzen,
Vernunft sei dir Gefährte,
trag deine Schmerzen,
dein Glück –
nur mit dem Herzen.

Auferstehender

Herr meiner Träume!
Kannst mich nicht lassen?
Möchte dich wiedersehn!
War doch mit dir so schön!
Möchte dich fassen.
Sag mir, hast du mich vergessen?

Liebeskummer

Eine Sonne voller Gold –
Sie ging hin und sank
Hinter den Mond voller Blüten
In Träumen voller roter, warmer Glut –
Und wartet···

Die Strahlen deiner Schatten
Dringen in mein Ich -
Noch immer.
Dein schweigendes Adieu
Lässt mein Spinnweb erzittern,
so unendlich weit zurück, entfernt –
ein vielleicht durchflackert mein Herz.

Anblick roter Kerzen

Hundert blau und goldne Zungen

Lecken süßen roten Lebenssaft

Seid nur stille – langsam, leise

Rufen zarte Kreise ihre Vergangenheit

Dir und mir entgegen –

Fang sie, nimm sie, schenk sie mir und dir.

Hundert kalte, warme Zungen

Lecken süßen, bittren Lebenssaft

Hörst du? – leise, leise

Rufen gläserne Kreise

Was längst vergangen

Dir? Mir?

Kannst du sie fangen?

Warten

Ach, wie wart ich!

Worauf wart ich?

Wen erwart ich?

Und wozu?

Wird er bleiben?

Mir verbleiben?

Weitertreiben?

Und wozu?

Find ich denn nie meine Ruh?

Sommer 1981

Verliebt

Eine kleine, kalte Hand,

sie hält – sie wird gehalten.

Ein zartes, kleines Lächeln,

es strahlt – es wird zurückgestrahlt.

Ein klares, wahres Augenpaar,

es leuchtet – es wird zurückgeleuchtet.

16.12.1979

Gedanken

Immer wenn du da bist,

fliegen die Sorgen davon,

doch liegen sie stets auf der Lauer,

mich neu zu besiegen.

Ich weiß, wenn ich gehe,

vergisst du mich

und mein Leben ist einsam –

und doch zieht es mich von dir in die Leere···

Winter 1976/77

Liebesschmerz

So sehr brennt mein Herz

Als ob es liebt und nicht verwundet.

Ein Wunder müsst geschehn,

damit es je gesundet.

Glück

Düfte der tanzenden Blumendschungel,

sagt mir von fliegendem Glück.

Fang ich die eilenden Flügel ein,

bleibt mir die Hülle zurück?

Gebrochene Blume

Wer brach den letzten Traum der Hoffnung mir?

Wo stetes Bangen meines Herzens Beben

leis ersterben lässt.

Es schwelt der stille Funke noch im

Innern meines Blütenkelchs.

Doch, was ist er mir, sagt mir's doch,

ohn' grünen Nabel, der der Erden mich verband?

Fazit

Dies ist mein Ein
Und auch mein Alles –
Darum halt ich es fest,
im Fall eines Falles.   Juni 1979

Gefühl

Kleiner Funke, Gefühl, Liebe!
Nur dir, nur deinem Strahlenkranz
Will ich gehorchen. –
In dunkler Zeit, in Freud und Leid,
wenn ich den Weg will finden,
dann lass ich nur mein Herz mich leiten. –
Mein Fühlen und mein Sehnen sollen entscheiden.

07.09.1983

Sakrament

Ein Sakrament, ein Heiligstes,

liegt in des kleinsten Augenblickes Freude,

der Trauer und dem Leid.

Ein jeder Gegenstand, der dir etwas bedeutet,

Erinnerungen an lieber Menschen Geist,

der dich umfängt in Freude, Trauer und in Leid.

Wunder

Ein Wunder ist geschehen –
Mein Herz, es ist gesundet.
Der Schmerz, dacht' ich, wird nie vergehn.
Nun hab ich ihn umrundet.

Mein Leib und meine Seele
Sind stark wie nie zuvor.
Jetzt kann der mir begegnen,
den ich zur Lieb' erkor!

Blütentraum

Meiner Hände Blumen
Sind sie blühende Herzen?
Wo hab ich sie gepflückt,
wem gab ich sie hin?
Sie welken mit Schmerzen···

Kuss

Ein Kuss nur –

Er ist mir, als schnapp , ich nach Luft –

Hol meinen letzten Atemzug aus deinen Lippen,

einer Ertrinkenden gleich

kann ich's nicht lassen –

ein Kuss nur –

von dir.

Frühlingsgesang der Vögel

Singt, ihr zarten, sachten Wesen

Mir von hellen Nächten,

deren Zauber leis die Luft erfüllt.

Lenkt mein Sinnen ab von tiefen Seufzern

Hin zu Freude, die mein Herz betört.

16.12.1979

Hoffnung

Bleib bei mir – du glücklicher Engel!

Ich bin nur mit dir –

Du kennst meiner Gedanken Gesang,

und meines Herzens Töne,

bist Licht mir im Dunkeln

und schützende Hand.

Leben – verlass mich nicht!

05.08.1980

Telefongespräch

Ein kleiner Moment
-   Am Telefon.
    Er bringt dir ein Lächeln
-   Und frohen Ton.
    Lieber Menschen Freude
    Wird dich umfangen –
    Ein kleiner Moment
-   Nur.

Warten auf das Telefonat

So ein Mist, was mach ich nur?
Wartend schau ich auf die Uhr.
Immer noch kein Klingelzeichen.
Dieser Mensch will mir entweichen!
Ungewissheit, geh doch weg,
meinetwegen auch mit Schreck!

1982

Träume

Hundert Träume träumt ich schon,

tausend harren meiner.

Kommen tags, kommen nachts,

manchmal kommt auch keiner.

Fühl ich Freude, mach ich Reisen

In das Land der Phantasien.

Doch auch Trauer und Erleiden

Lassen mich entfliehen

In die Welt der bunten Farben,

Wo ich kann mich weiden

An den üpp'gen Traumesgaben.

Morgenröte

Reich mir die Hand, du Morgenröte;

Was uns verband, war bloßes Spiel.

Wärmende Zärtlichkeit, gebendes Nehmen;

Rötliche Gluten schießen durch's Blut.

Heute gehören wir beide zusammen.

Morgen vielleicht schon vergess ich dich.

Morgen vielleicht schon vergisst du mich.

Ich lass dich gehen, du Morgenröte

Und warte auf den neuen Tag.

13.09.1983

Der große Vogel

Der große Vogel fliegt vorbei –

Ich harre Stund' um Stunden.

Mein Blick verfolgt ihn in der Luft –

Er achtet nicht mein Staunen.

Die Sehnsucht sprengt die Brüste mir –

Sein Schrei zerreißt die Wolken.

Der große Vogel flog vorbei –

Ich harrte Stund' um Stunden.

15.07.1983

Freundschaft

Hast du des Freundes Augen schon gesehen?

Die großen, schönen, wahren Tiefen?

Wie sie dir mehr als sprechen können,

Zuneigung dir entgegenstrahlen?

Auch wenn der Mund von anderm spricht,

Sie zeigen dir verwandter Seele warmes Licht.

Ohnmacht

Dankbar bin ich deinem Vertrauen,

mir zuzutrauen,

in deine Seele zu schauen –

doch Ohnmacht entmachtet

den mächtigen Tröster mir!

Kann nur der Ohren Tore eröffnen Dir,

aufzufangen die tränenden Worte –

tief sickern sie ein in mir,

wo ich sachte sie horte.

Ach, könnten sie neues Glück dir bauen!

Hab Mut!

Hab Mut, meine Schöne!
Es ist nicht das Ende!
Auch wenn um dich die Wände,
zu stürzen drohn.

Hab Mut, meine Schöne!
Nimm meine Hände,
zu stützen behende
dein's Herzens Lohn.

Hab Mut, meine Schöne!
Schau hinter die Wände,
dort wartet die Wende,
will setzen dich auf neuen Hoffnungs-Thron.

Hab Mut, meine Schöne!

1982

Ein Herz und eine Seele

Dass keiner mir die Schwester stehle!
Wir sind ein Herz und eine Seele.

Auch wenn wir ganz verschieden sind,
Wir sind derselben Eltern Kind!

Schmerzt ihr das Herz, schmerzt mir die Seele.
Und weine ich, so lächelt sie mich an.

Wenn sie nicht wär', was macht' ich dann?

1982

Der Pessimist

Werd nicht zum Streiter deiner Bahre!

Grün, voller Neid und Todesgier.

Setz dir die rosa Gläser auf und fahre

Ins lächelnd blaue Lebenshimmelszelt, zu mir.

Stillstand

Mein Herz steht still,

denk ich an dich.

Dein Herz, das will

Meins schlagend für sich.

Dein Herz schlägt schrill,

es schlägt für mich.

Doch meins steht still,

denk ich an dich.

02.09.1983

Elegie

Wie ungerecht ist die Stimme des Herzens!

Will ich gehorchen dem eigenen Klang,

bricht dem andern das Lebensglück;

Lass ich die meine verhallen,

Springt mir mein Herz entzwei!   29.08.1983

Die Wählerische

Großer Gott, was will ich nur?

Bin ein ganz verdammter Tor!

Dieser zählt zu viele Jahre,

Jener hat ´nen kleinen Bauch,

Hat auch nicht die meisten Haare,

Doch des And´ren Geist ist Rauch.

Alle stehen bei mir Schlange,

Wollen immer bei mir sein.

Doch ich klage und ich bange,

Wann mein Märchenprinz kehrt ein.

Nie werd´ ich das Glück so finden,

Muss mich schon mal überwinden.

Aus so manch hässlichem Ding

Schlüpft schon mal ein Schmetterling!   1983

Träume

Deiner Hände Träume

Streicheln mich

Wenn die Hände fehlen

Halten mich

Wenn mich Ängste quälen

Heben mich

Wenn ich glücklich bin.

Doch wie schön erst

Deiner Hände Streicheln

Wenn ich sachte träumend

Bei dir bin!

Traumtanzen

Traumtanzen

Möchte ich

Über und unter

Den Träumen

Nur mit dir

Und deinem Traum

Einen Tanz

Voller Träume!

Lassen

Lass uns

Uns fallen

Lassen

In Höhen

Schweben

Lassen

Ja

Lass uns

Uns··· lassen!

So wohl

So wohl war mir schon lang nicht mehr,
so sanft und wild zugleich.
Mein lieber Schatz, ich lieb dich sehr
Und fühle mich so reich.

Luftige Purzelbäume

Mit dir möchte ich in die Luft gehen und Schlösser
bauen.

Mit dir möchte ich Purzelbäume schlagen und wie-
der ausreißen.

Ich liebe dich

Ich liebe dich
Ich bin allein
Ich liebe allein
Ich bin Ich
Ich bin –
Dich allein
Ich liebe dich
Allein.

Waagerecht

Zwei Schalen gleichen wir,

die schwebend,

sich auf und nieder hebend,

mal ruhig und mal bebend,

den Lauf der Zeit beschreiben.

Wird keine ewig oben bleiben.

Sehnsucht

Spinnende Sinne

Webendes Fühlen

Sagendes Schweigen

Wogendes Flüstern

Der blinde Liebende

Seelenfreude leuchtet aus dir, Menschenkind –

Kann es sein, dass wir uns ähnlich sind?

Deiner Augen Blitze, mir sind sie wie Wellen,

deiner Hände Griffe, mir sind sie wie Streicheln,

seh erahnend dein Gesicht, du Menschenkind,

Sind denn alle sehend blind?

Lass mich gern von deiner Sonn' umströmen,

mich im Schattenreich von dir verwöhnen.

Lieber ist mir tausendfach dein's Herzens Nähe,

als wenn ich nur dein's Körpers Schönheit sähe!

1983

Stell dir vor!

Stell dir vor,

du bist auf einer blauen Wiese,

grün der Himmel über dir –

Und ich singe und ich fliege,

gelb als Schwalbe – husch – zu dir,

flüster dir ins Ohr ganz leise:

Kommst du mit auf meine Reise?

Hin zu hohen Tälern –

Über tiefe Berge –

Und wir finden eine grüne Wiese,

blauer Himmel über uns –

Stell dir vor!

Glück

Flügel der Seele

fern aller Welt

Möchte ich reisen –

Wenn ich so liebe

Spür ich den Wind

Er lässt mich schweben

Fern deiner Seele

Flügel in Welten.   29.12.1983

Verschlossene Herzen

Mein großer Wind

So weit gewunden

Sag mir die Kunde

Wo Herzen sind

Sind flügge Wolken

Von mir getrieben

In Nebel zerstieben

Verirrte Falken!

Ich kenn ihre Töne

Sie klagen von Mauern

Sie lassen mich trauern.

Ich sehne das Schöne!

Vernunft – Gefühl

Silbern leuchtet mein Herz

Rot füllt es aus dein Bild

Dein Bild lässt ein Feuer entstehen

Flammenschlingen umgeben mich

Doch da flüstert das Gehirn

Eine Brise kühlt die flimmernde Glut

Und ich suche die Einsamkeit

Um dich neu wiederzufinden.

Winter 1976/77

Unser Kind

Möchte dich fühlen,
tasten und sehen –
kann es kaum glauben,
dass es dich gibt.
Hab dich erträumt oft,
manchmal im Stillen,
glaubte es könnte,
vielleicht nie geschehn.

Nun heißt es warten,
hoffen und beten –
dass du gesund bist
und uns auch liebst –
dass, wenn du da bist,
fühlst dich geborgen,
weißt dich behüt
voll Zuversicht.   18.05.1987

Doppelherz

Klingende Fülle,

schwingende Tiefen,

urmeerartige Wellentöne –

sie lassen mich ahnen,

die Gewalt der Schöpfung,

das Tosen der Wetter,

bevor erste Wesen erstehen.

Innerstes Fühlen,

dass keimendes Leben

sich in mir verbirgt –

wachsendes Wissen,

dass dieser Leib

ein Menschenkind trägt,

Sie lassen mich fühlen

Die Schönheit des Lebens,

das ewige Geben und Nehmen,

bevor du, mein Kind,

es erahnst.   18.05.1987

Baby im Bauch

Spürst du es, wie es in dir strampelt,
wie ein Bein gegen's andre hampelt?
Beinchen und Köpfchen energisch sich drehn,
und auch 'ne Beule im Bauch ist zu sehn!

Es träumt schon und wacht,
in tief dunkler Nacht,
von dem was es sieht,
wenn's die Schutzhülle flieht!

Es ahnt schon die Sonne, den Wind!
Es pflückt dort schon Blumen, das Kind!
Für alle Gefühle, Gedanken,
gibt es noch gar keine Schranken!

1982

Ewigkeitsliebe

Von Urkraft getrieben,
in Wehen geboren,
ans Herz gedrückt,
im Kampf und im Frieden
nie verloren
von fern und nah
tief innen empfunden,
von Urkraft geblieben,
die Liebe zum Kind -
verweht nie im Wind.
Sie bleibt ganz blind!   20.04.2017

Hand aufs Herz:

Wo ist mein Herz?

In deiner Hand?

Und schlägt es dort noch?

Hörst du es? Fühlst du es?

Ich habe es verloren

An dich···

Es macht, was es will, bei dir!

Hand aufs Herz:

Behüte es gut!

Es schlägt nur für dich!

Besessen

Zeig mir deine Augen⋯

Gib sie mir!

Ich kann es kaum glauben⋯

Du bist hier,

ganz nah bei mir⋯

Deiner warmen Hände Wellen

Strömen über mich⋯

Lassen mich vergessen⋯

Lassen mich besessen

sein..

Von dir!   2015

You are lovely

You are lovely!

Your warm passion guides

Me through the dark nights⋯

You are lovely!

Energetic waves circling through your hands⋯

You are lovely!

Skin exploding under your touch⋯

You are lovely!

Will always remember you!   2015

Atemzüge

Einen Atem

Einatmen

Einen Atem

Ausatmen

Einen Moment

Durchatmen

Atem spenden

Sich den Atem

Nehmen lassen

Sich atemlos

Fühlen

Atemlos

Bleiben.   19.05.2017

Wiedersehen

Herz, wie du flatterst und fliegst,

dich in Sehnsuchtserwartung wiegst,

die sonngoldne Insel wiederzusehen,

die götter-geschenkte!

Heimat

Was bist du, Erdenwärme, mir –

Vertrauter Duft, Wohlklang der Stimme.

Du schenkst dich dem, der offenen Herzens ist,

der aller Sinne Tore dir entgegensehnt.

Nicht einzig bist du, es ruft im Blute

Mir auch anderer Menschen Land,

mich dort zu Haus zu fühlen.

Bin ich bei dir, reißt es mich dorthin,

und von dort schmerzlich zu dir zurück.

Heimweh

Ach, mein Herz,

wie lang hast du geleugnet deine Liebe

zu dem Land, das dich mit Liebe labte;

Hast dich hingegeben deinem Diebe,

ganz vergessend das doch lieb gehabte

Hellas. Nun erst lässt du dich

von deiner Liebe leiten,

findest du zurück zum lang verdrängten Heim –

wirfst den Mantel ab von Dunkelheiten

und entdeckst das Licht in neuem Keim.

Kreta

Kommt, es hebt sich vor dem Himmel,

eingerahmt von tiefer Bläue

schon die lang Ersehnte,

eingetaucht in gischtumsprühtes Sonnenlicht!

Weit umspannt sie ganz der Augen Weite

Goldnes Band von Bergen, Tälern,-

Grüne Wein-Olivensprenkel

Mischen sich mit ausgestreutem Häuserweiß:

Wieder seh ich sie wie eine nie Erblickte,

doch zugleich grüßt sie als alte Heimat mich!